Autocontrol a través

de la

autosugestión consciente

Emile Coué

Título original: La maîtrise de soi-même par l'autosuggestion consciente

Traducción: Resiliencia ediciones © 2018

Todos los derechos reservados

ISBN: 9781723716454

ÍNDICE

Introducción 5

El consciente y el inconsciente 6

Voluntad e imaginación 8

Sugestión y autosugestión..12

El uso de la autosugestión..14

Cómo enseñar a los pacientes a practicar la autosugestión 18

Procedimiento del método en la sugestión curativa........................22

La superioridad de este método 26

Cómo funciona la sugestión...28

El uso de la autosugestión en padecimientos mentales.....................30

Un par de curas típicas..33

Conclusión...35

Acerca del autor...36

INTRODUCCIÓN

La sugestión, o mejor dicho, la autosugestión, es un tema si se quiere nuevo, y, al mismo tiempo, tan antiguo como el mundo mismo. Es nuevo en el sentido que, hasta ahora, había sido estudiado de la forma incorrecta, y en consecuencia había sido entendido incorrectamente también. Es antiguo porque data desde la aparición misma del hombre sobre la faz de La Tierra. De hecho, la autosugestión es una herramienta que poseemos desde el nacimiento, y en este instrumento, o mejor dicho, en esta fuerza, reside un maravilloso e incalculable poder, el cual, de acuerdo a las circunstancias, puede producir mejores o peores resultados. El conocimiento de esta fuerza es útil para todos nosotros, pero es particularmente indispensable para los médicos, magistrados, abogados, y para todos aquellos relacionados al mundo de la educación.

Sabiendo cómo practicar la autosugestión conscientemente, es posible evitar provocar en otras personas autosugestiones negativas que puedan tener consecuencias desastrosas, y en su lugar producir autosugestiones positivas, trayendo, de este modo, salud física al enfermo, y salud moral al neurótico o al perdido: víctimas inconscientes de autosugestiones anteriores. Y, finalmente, mediante el uso de esta técnica podrá guiarse por el camino correcto a aquellos que hasta ahora han tenido la tendencia de irse por el equivocado.

EL CONSCIENTE Y EL INCONSCIENTE

A efectos de entender correctamente el fenómeno de la autosugestión, o para hablar de forma adecuada acerca de la autosugestión, es necesario saber que dos seres totalmente distintos cohabitan dentro de nosotros. Ambos son inteligentes, pero, mientras uno es consciente, el otro es inconsciente. Por esta razón la existencia del último suele pasar desapercibida. Sin embargo, es fácil probar su existencia si uno se toma el tiempo para examinar ciertos fenómenos y reflexiona acerca de los mismos. Los siguientes ejemplos ilustran mi punto:

a.- Todo el mundo ha escuchado hablar del sonambulismo, todo el mundo sabe que un sonámbulo se levanta de noche sin despertarse, sale de su habitación y, ya sea luego de haberse vestido o no, baja escaleras y camina a lo largo de pasillos. Después de haber cometido tales actos, vuelve a su habitación, se duerme y se mostrará sumamente desconcertado si, al día siguiente, alguien le señala lo que ha hecho durante la noche, o quizá al darse cuenta que, dormido, ha terminado algún trabajo que había dejado incompleto el día anterior. ¿A qué otra fuerza obedecería de esta forma su cuerpo, si no al inconsciente?

b.- Examinemos el corriente caso del borracho víctima del delirio tremens. Llevado por la locura, coge el cuchillo, martillo o el arma que tenga a la mano y ataca sin piedad a cualquiera que esté a su alcance. Una vez que el ataque ha terminado, recupera sus sentidos y contempla con horror la cruda escena a su alrededor, sin saber que ha sido autor de la misma. De nuevo, ha sido el inconsciente el que ha guiado al «loco» a actuar de esta manera. Qué aversiones, cuántas enfermedades podemos crearnos nosotros mismos por el simple hecho de no practicar autosugestiones positivas en lugar de las negativas que todos, en algún grado, practicamos.

Si comparamos el consciente con el inconsciente, veremos que el consciente está poseído por una muy poco confiable memoria, mientras que el inconsciente está proveído con una maravillosa e impecable memoria que registra, sin nuestro conocimiento, los más ínfimos eventos, los actos que creemos menos importantes de nuestra existencia. El inconsciente, además, es crédulo y acepta con docilidad lo que se le dice. De modo que es el inconsciente el responsable del funcionamiento de todos nuestros órganos y el intermediario del cerebro, lo que puede parecer paradójico para usted: si el inconsciente cree que tal o cual órgano funciona bien o mal, el órgano en cuestión, de hecho, funcionará bien o mal de acuerdo a su creencia. El inconsciente no impera solamente sobre nuestros órganos, sino sobre todas nuestras acciones, cualquiera que éstas sean. El inconsciente es imaginación, y la imaginación, contrario a lo que comúnmente se piensa, siempre dirige nuestras acciones, incluso en contra de nuestra voluntad, cuando se produce un conflicto entre ambas fuerzas.

VOLUNTAD E IMAGINACIÓN

Si buscamos en el diccionario la palabra «voluntad», encontraremos la siguiente definición: «Facultad, capacidad de determinarse a hacer, o no hacer algo». Aceptamos esta definición como absoluta, aunque dista mucho de ser cierta. Esta voluntad de la que hablamos con tanto orgullo, siempre cede ante la imaginación. Es una regla absoluta que no admite excepciones. «Blasfemia», dirán algunos de ustedes. «En lo absoluto. Al contrario, es la pura verdad», les contestaré yo.

A fin de que se convenza de lo que digo, abra los ojos, mire a su alrededor y trate de entender lo que ve. Seguramente está pensando que mi teoría es una necedad. No tan rápido. Suponga que colocamos una tabla de diez metros de largo por treinta centímetros de ancho. Es evidente que cualquiera sería capaz de ir de un extremo a otro de la tabla sin tropezarse ni perder el equilibrio. Pero ahora cambie las condiciones del experimento e imagine la tabla colocada a la altura de una catedral. ¿Quién será capaz de avanzar siquiera un paso en ese estrecho camino? Antes de comenzar a avanzar, comenzaría a temblar, a pesar de los esfuerzos de su voluntad, y finalmente se caería.

¿Por qué usted no se caería atravesando la tabla en el suelo, pero sí cuando ésta es levantada a unos veinticinco metros de altura? Simplemente porque en el primer caso usted imaginó que sería fácil cruzar la tabla, mientras que en el segundo usted imaginó que no sería fácil en lo absoluto. Note que su voluntad no puede hacerle avanzar; si usted imaginó que no puede avanzar, es absolutamente imposible que lo usted avance. Si los albañiles y los carpinteros logran realizar esta tarea —incluso a alturas mayores— es porque ellos creen que pueden hacerlo. El vértigo es causado por hacernos en nuestra mente la imagen de que vamos a caer. Esta imagen se transforma inmediatamente en hechos a pesar de todos los esfuerzos de nuestra voluntad, y mientras más intenso el esfuerzo, más rápido el efecto contrario del deseado toma lugar.

Consideremos ahora el caso de una persona que sufre de insomnio. Si él, o ella, no hace ningún esfuerzo por dormir, se adormecerá tranquilamente en su cama. Si por el contrario se fuerza a sí mismo a dormir a su voluntad, mientras más esfuerzos haga, más despierto estará.

¿No ha notado usted que mientras más se esfuerza en recordar el nombre de una persona, menos lo consigue? No obstante, sustituyendo la idea de «he olvidado» por la idea de «recordaré en un minuto», el nombre de la persona en cuestión vendrá a su mente en menos de lo que usted cree y sin esfuerzo alguno.

Si alguno de ustedes es ciclista, recuerde los días en que estaba aprendiendo a manejar bicicleta. Se aferraba al manubrio, temeroso de caerse. De repente, mirando el más mínimo obstáculo en el camino, trataba de evitarlo; y mientras esfuerzos hacía para evitarlo, más directamente se dirigía a estrellarse contra él. ¿Quién no ha sufrido un ataque de risa incontrolable, que se intensifica a medida que uno trata de controlarlo?

¿Qué pasa por la mente de las personas en esta clase de situaciones? «No quiero caerme, pero no puedo hacer nada para evitarlo». «Quiero dormir, pero no puedo». «Quiero evitar el obstáculo, pero no puedo». «Quiero dejar de reírme, pero no puedo». Como ve usted, en esta clase de conflictos es la imaginación la que siempre gana sobre la voluntad, sin excepciones.

Al mismo orden de ideas pertenece el caso del líder que toma el mando de sus tropas y encabeza la marcha, empoderando y motivando a sus huestes a la victoria. Mientras que el grito: «Cada hombre por sí mismo» muy probablemente cause la derrota. Nos preguntamos, ¿por qué? Es porque, en el primer caso, los hombres creen que deben avanzar, mientras que en el segundo imaginan que serán conquistados y deben huir por sus vidas.

Panurge estaba completamente seguro de lo contagioso que resulta el ejemplo —lo que se traduce en la acción de la imaginación—, de manera que, para vengarse de un comerciante a bordo del mismo barco en que él se encontraba, decidió comprarle a aquél su oveja más grande y luego lanzarla al mar, estando de antemano seguro de que el rebaño entero le seguiría, lo que, de hecho, sucedió. Nosotros lo seres humanos guardamos cierto parecido con las ovejas, e involuntariamente nos sentimos impelidos a seguir el ejemplo de otras personas, imaginando que no podemos hacer otra cosa.

Citaría muchos otros ejemplos, pero temo aburrirlos con una larga enumeración. No puedo, no obstante, guardar silencio acerca del hecho de que la imaginación —o, en otras palabras, el inconsciente— demuestre tan contundentemente su superioridad cuando entra en conflicto con la voluntad.

Hay muchos borrachos que quisieran dejar el alcohol, pero no pueden. Pregúnteles, y ellos responderán con toda sinceridad que anhelan estar sobrios, que el alcohol los enferma, les desagrada, pero que, al mismo tiempo, se hallan a sí mismos irresistiblemente compelidos a beber en contra de sus voluntades, a pesar del daño que el alcohol les hace.

Del mundo modo, algunos criminales cometen delitos a pesar de ellos mismos, y cuando se les pregunta por qué lo hicieron, dicen: «No pude evitarlo. Algo me obligó. Algo más fuerte que yo».

Y tanto el borracho como el criminal dicen la verdad. Ellos se ven forzados a hacer lo que hacen por la simple razón de que no pueden imaginarse a sí mismos de otra manera. De forma que, aunque estemos orgullosos de nuestra voluntad, y creamos que podemos actuar de acuerdo a ella, en realidad no somos sino marionetas de la inmensa fuerza de nuestra imaginación. Podemos, sin embargo, dejar de ser su marioneta y convertirnos en maestro una vez que aprendemos a dirigirla.

SUGESTIÓN Y AUTOSUGESTIÓN

De acuerdo con las afirmaciones anteriores, podríamos comparar a la imaginación con un río crecido que desplaza salvajemente al desgraciado que cae en él, a pesar de los esfuerzos de éste por alcanzar la orilla. Este río parece indomable, pero sabiendo cómo, usted puede dirigir su curso y encauzarlo a una fábrica para posteriormente transformarlo en movimiento, calor y electricidad.

Si el símil anterior no es suficiente, podemos comparar a la imaginación (la loca de la casa, como es popularmente conocida) con un caballo salvaje al galope sin brida ni riendas, ¿qué puede hacer entonces el jinete, sino aferrarse a la monta e ir a dondequiera que el caballo decida llevarlo? Si el jinete, en cambio, logra ponerle la brida al caballo, los roles se intercambian. Ya no será el caballo el que decida adónde va, sino el jinete quien lo obliga a tomar la dirección deseada.

Ahora que ya sabemos cuánta es la fuerza del inconsciente o del ser imaginativo, voy a demostrar cómo este ser, hasta ahora considerado indomable, puede ser fácilmente controlado como el cauce de un río o un caballo salvaje. Pero antes de avanzar es necesario definir cuidadosamente dos palabras que suelen ser utilizadas sin ser verdaderamente comprendidas. Estas palabras son «sugestión» y «autosugestión». ¿Qué es la sugestión? Podría ser definida como: «El acto de imponer una idea en el cerebro de alguien más». ¿Existe, en realidad, este acto? Propiamente hablando, no. La sugestión, de hecho, no existe por sí misma. No puede existir sin la condición sine qua non de ser transformada en autosugestión por el sujeto que la recibe. La autosugestión se define como: «La implantación de una idea en la mente propia, por parte de uno mismo». Usted puede hacer una sugestión a alguien, pero si el inconsciente de esa persona no la acepta, si esa sugestión no es digerida a efectos de ser transformada en autosugestión, no producirá resultado alguno. Yo mismo he hecho sugestiones si se quiere comunes a sujetos muy obedientes, sin obtener resultados. La razón es que el inconsciente del sujeto rechaza aceptar la sugestión y transformarla en autosugestión.

EL USO DE LA AUTOSUGESTIÓN

Regresemos ahora al punto donde digo que podemos controlar y dirigir nuestra imaginación, tal como el cauce de un río o un caballo salvaje pueden ser controlados. Para hacerlo, en primer lugar, hay que saber que es posible (lo que la mayoría de las personas ignoran) y, en segundo lugar, saber a través de qué medio es posible lograrlo. El medio es uno bien simple, es el mismo que hemos estado usando desde el día en que llegamos al mundo, sin desearlo y sin tan siquiera conocerlo, sino haciéndolo inconscientemente, aunque muy a menudo lo usamos en detrimento propio: el medio no es otro que la autosugestión.

Ya que frecuentemente estamos haciéndonos autosugestiones inconscientes a nosotros mismos, todo lo que debemos hacer es comenzar a darnos autosugestiones conscientes, y el proceso para hacerlo es el siguiente: primero, identificar las cuestiones que serán objeto de la autosugestión y preguntarse si éstas requieren un «sí» o un «no». Hay que repetir varias veces, sin pensar en nada más: «Esto vendrá», o «Esto desaparecerá», o «Esto pasará», o «Esto no pasará», etc. (Por supuesto, la cuestión objeto de la autosugestión debe estar en nuestro poder). Si el inconsciente acepta la sugestión y la transforma en autosugestión, la cuestión se materializará por completo.

Visto de este modo, la autosugestión se parece mucho al hipnotismo. Yo la definiría de esta manera: «La influencia de la imaginación sobre el ser físico y moral del ser humano». Esta influencia es innegable, y sin repasar ejemplos anteriores, pasaré a mencionar otros. Si usted se persuade a sí mismo de que puede hacer alguna cosa —siempre que esta cosa sea físicamente posible—, usted lo hará a pesar de lo difícil que pueda ser. Si, por el contrario, usted se imagina que no puede hacer la cosa más sencilla de este mundo, será imposible para usted hacerla, y una pequeña topera se convertirá en una gran e infranqueable montaña para usted.

Tal es el caso de los neurasténicos, quienes, creyéndose a sí mismos incapaces de hacer el menor esfuerzo, a menudo se hayan incapacitados para caminar siquiera un par de pasos sin sentirse exhaustos. Estos neurasténicos se hunden más en su depresión mientras más intentan deshacerse de ella, como el desafortunado que ha caído en arena movediza, hundiéndose cada vez más en la medida en que más lucha por salir.

De la misma manera, es suficiente pensar que un dolor desaparecerá y de inmediato sentirlo desaparecer poco a poco; así como sólo se necesita pensar que uno sufre para sentir el dolor empezar inmediatamente. Conozco a ciertas personas que han predicho que padecerán una jaqueca un día en concreto, bajo ciertas circunstancias, y ese día, dadas las circunstancias, padecen la jaqueca. Ellos traen la enfermedad a sí mismos, del mismo modo en que otros se curan a sí mismos a través de la autosugestión consciente.

Sé que uno generalmente queda como un loco ante el mundo cuando se atreve a propugnar ideas que no se acostumbra escuchar. Bueno, a riesgo de ser tildado de loco, estoy convencido de que algunas personas están física y mentalmente enfermas sólo porque se imaginan a sí mismos física o mentalmente enfermos. Si hay personas paralíticas sin ningún tipo de lesión que justifique tal incapacidad, es porque ellos se imaginan paralizados, y es entre esta clase de personas que se producen las curas más extraordinarias. Si otros son felices o infelices, es porque se imaginan a sí mismos de tal o cual manera, porque es posible que dos personas en las mismas circunstancias exactas estén, una feliz, y la otra desgraciadamente infeliz.

La neurastenia, el tartamudeo, las aversiones, la cleptomanía, algunos casos de parálisis; todos ellos no son sino el resultado de la autosugestión inconsciente, lo que quiere decir, el resultado de la acción del inconsciente sobre el ser físico y moral. Pero si nuestro inconsciente es la fuente de muchas de nuestras enfermedades, él también puede procurarnos la cura de todas ellas. No sólo puede curar los padecimientos que él mismo ha creado, sino también curar enfermedades serias, así de fuerte es su acción en nuestro organismo. Enciérrese en una habitación, tome asiento en una silla cualquiera, cierre sus ojos para evitar distraerse y concentre su mente por unos momentos en pensar: «Tal y cual cosa está por desaparecer», o «Tal o cual cosa está por suceder».

Si usted realmente realizó la autosugestión, es decir, si su inconsciente ha asimilado la idea que usted le ha presentado, usted se quedará asombrado al ver que lo que estaba pensando hacía un momento se ha materializado.

Es importante no involucrar la voluntad en la realización de la autosugestión, porque, de hallarse en conflicto con la imaginación (por ejemplo, si uno piensa: «Haré que tal o cual cosa sucedan», pero la imaginación dice: «tienes la voluntad de hacerlo, pero no sucederá»), uno no solamente no obtendrá lo que desea, sino que sucederá todo lo contrario.

Esto es de vital importancia, y explica por qué los resultados son tan insatisfactorios cuando, en el tratamiento de enfermedades mentales, uno se esfuerza por reeducar la voluntad. Es el entrenamiento de la imaginación el que es necesario, y es gracias a esta pequeña diferencia que mi método ha tenido éxito donde otros han fallado. De los numerosos experimentos que he hecho diariamente durante los últimos veinte años —los cuales he estudiado y examinado con el rigor más minucioso—, he deducido las siguientes conclusiones que, a continuación, enumero como leyes:

1.- Cuando la voluntad y la imaginación son antagónicas, la imaginación siempre resulta vencedora, sin excepciones.

2.- Cuando la imaginación y la voluntad están de acuerdo, uno no le suma a la otra, sino que ambas se multiplican una a otra.

3.- La imaginación puede ser dirigida.

Luego de lo que he dicho, parecería que nadie debería estar enfermo. Eso es verdad. Toda enfermedad, cualquiera que sea, puede ceder ante la autosugestión. Aunque mi afirmación pudiera parecer temeraria e improbable, no digo que siempre ceda, sino que puede ceder, lo que es diferente.

Pero a efectos de realizar la autosugestión consciente, usted debe aprender cómo hacerlo, así como es necesario aprender a leer, escribir, o a tocar el piano.

La autosugestión es, como lo he dicho antes, un instrumento que poseemos desde el nacimiento, el cual utilizamos de forma inconsciente toda nuestra vida, como un bebé que juega con su matraca. Sin embargo, la autosugestión es un instrumento peligroso. Puede matarlo si usted lo maneja con imprudencia o inconscientemente. Puede también, no obstante, salvar su vida cuando usted lo sabe emplear conscientemente. Uno puede decir de la autogestión lo que Esopo dijo de la lengua: «Es al mismo tiempo lo mejor y lo peor del mundo».

Ahora le mostraré cómo todo el mundo puede beneficiarse de la bondadosa acción de la autogestión conscientemente aplicada. Cuando digo «todo el mundo» exagero un poco, ya que hay dos grupos de personas en las que la práctica de la autosugestión se dificulta:

1.- Los subdesarrollados mentalmente, que son incapaces de entender lo que se les dice.

2.- Aquellos que no están dispuestos a entender.

CÓMO ENSEÑAR A LOS PACIENTES A PRACTICAR LA AUTOSUGESTIÓN

Cada pensamiento que llena por completo nuestras mentes se convierte en realidad para nosotros y se transforma en acción.

De este modo, si usted puede hacer pensar a una persona enferma que su mal está mejorando, éste desaparecerá; si usted tiene éxito haciendo que un cleptómano crea que no seguirá robando, él dejará de robar, etc.

Este entrenamiento, que quizá parece para usted una imposibilidad, es, no obstante, lo más sencillo del mundo. Mediante una serie de apropiados y graduales experimentos, se puede enseñar al paciente a practicar la autosugestión. Siguiéndolos al pie de la letra uno puede estar absolutamente seguro de obtener buenos resultados, exceptuando, por su puesto a los dos grupos de personas mencionados anteriormente.

Primer experimento. Pídale al sujeto pararse firme, con el cuerpo tieso como un palo y los pies juntos. Sugiérale al sujeto mantener los pies unidos e inmóviles. Dígale que imagine que sus pies funcionan como una bisagra con el piso, y que su cuerpo puede balancearse a cualquier lado sin que sus pies dejen de hacer contacto con el suelo. Su cuerpo puede balancearse hacia atrás y hacia adelante. Pídale dejarse caer hacia atrás, sin mover los pies y sin hacer resistencia. Dígale que usted lo sostendrá. Cuando lo haga, usted empújelo con suave firmeza por la espalda para volverlo a su posición inicial. Repita esto hasta que funcione.

Segundo experimento. Dígale al sujeto que, a efectos de demostrar los efectos de la imaginación en nosotros, usted le pedirá en un momento que piense: «Me estoy cayendo hacia atrás, me estoy cayendo hacia atrás...» Dígale que no debe tener otro pensamiento en su mente, que no debe analizar si se caerá o no, ni preocuparse de si se va a lastimar al caerse, etc., y que si, de hecho, llegase a sentir una fuerza compeliéndolo a caerse, no resista, sino que obedezca el impulso.

Luego pídale al sujeto levantar la cabeza y cerrar los ojos, y coloque su puño derecho en la parte trasera de su cuello, y su mano izquierda en su frente, y dígale: «Ahora piense: "Me estoy cayendo hacia atrás, me estoy cayendo hacia atrás, me estoy cayendo hacia atrás"». Y agregue con profundidad: «Se está cayendo hacia atrás… Se está cayendo… Se está cayendo… hacia atrás… Se cae… hacia atrás…», y al mismo tiempo deslice cuidadosamente su mano izquierda de la frente del sujeto a su sien, y después, con un lento pero continuo movimiento, retire su puño derecho del cuello del sujeto.

El sujeto sentirá inmediatamente como si lo hubieran empujado con sutileza hacia atrás, entonces evitará caerse o se caerá. En el primer caso, dígale que ha puesto resistencia, y que no estaba pensando en que se caería, sino en que se lastimaría al caerse. Lo que es cierto, porque si él no hubiera estado pensando en las consecuencias, hubiera caído como un bloque. Repita el experimento usando una voz de mando como si estuviera obligando al sujeto a obedecerle. Persista en ello hasta que tenga éxito o casi tenga éxito. Usted, como operador, deberá estar de pie detrás del sujeto, con una pierna adelante del sujeto y otra detrás de él, de modo de poder cargarlo cómodamente cuando éste caiga.

Tercer experimento. Pídale al sujeto juntar sus manos y cerrarlas una contra la otra con la mayor fuerza con que le sea posible, hasta que sus dedos tiemblen un poco. Mírelo fijamente y ponga sus manos sobre las suyas, apretándolas también. Dígale que no puede separar sus manos, que contará hasta tres, y que cuando diga «tres», él intentará separar sus manos pensando al mismo tiempo: «No puedo separar mis manos, no puedo separar mis manos», y usted verá que no podrá hacerlo. Luego cuente lentamente: «Uno… dos… tres», y agregue inmediatamente, alargando las sílabas: «No… puedes… separar… tus… manos… No… puedes… separar… tus… manos…», y si el sujeto está pensando, de acuerdo a lo que se le pidió: «No puedo separar mis manos», no solamente no podrá separarlas, sino que a medida que intenta hacerlo con más fuerza, sus manos se adherirán una a la otra con mayor vehemencia. El sujeto obtendrá exactamente lo contrario a lo que quiere. Después de un momento, dígale: «Ahora piensa: "Puedo hacerlo, puedo separar mis manos"», y verá sus manos separarse.

Sea cuidadoso de mirar al sujeto justo en la base de la nariz, entre ambos ojos, y no le permita a él desviar su mirada de sus ojos. Si el sujeto puede separar sus manos al primer intento, no piense que es culpa suya, es simplemente que el sujeto no ha pensado propiamente que no puede separar sus manos, es decir, no ha convertido la sugestión en autosugestión. Si esto sucede, hágale saber que no está pensando de la forma adecuada y repita el experimento hasta que funcione.

Use siempre un tono de voz calmo pero autoritario, sin necesidad de levantar la voz. Necesita un tono seco e imperativo.

Algunos sujetos son bastante sensibles, y es fácil reconocerlos por el hecho de que sus manos se contraen con facilidad y obedecen sin inconvenientes su comando. Después de dos o tres experimentos exitosos, ya no será necesario decirles: «Piense esto o aquello»; sólo necesitará decirles —en el tono seco e imperativo que usó antes—: «Cierre sus ojos, ahora no puede abrirlos», «Junte sus manos, ahora no puede separarlas», y el sujeto hallará imposibilitado de abrir sus ojos o separar sus manos a pesar de sus esfuerzos. Luego de un momento, usted le dirá: «Ahora puedes hacerlo», y verá cómo el sujeto obedece.

Estos experimentos pueden variar infinitamente. Puede decirle al sujeto que un bolígrafo que está sobre la mesa pesa doscientos kilos, y él no podrá levantarlo, puede ordenarle sentarse en una silla y decirle que está pegado a ella y que no puede pararse; y siempre puede, por supuesto, ordenarle, por el contrario, que sí puede hacerlo, y usted observará el cambio de resultado.

PROCEDIMIENTO DEL MÉTODO
EN LA SUGESTIÓN CURATIVA

Cuando ya el sujeto ha pasado por los experimentos anteriores y los ha entendido bien, ya está listo para la sugestión curativa. El sujeto es entonces como un campo cultivado en el que la semilla puede germinar y desarrollarse, aunque anteriormente no haya sido sino un terreno árido en el cual la semilla se hubiera marchitado rápidamente.

Es importante proceder siempre de la misma manera, indiferentemente del padecimiento que sufra el sujeto, bien sea físico o mental, usando las mismas palabras con escasas variaciones según sea el caso.

Dígale al sujeto: «Siéntate y cierra tus ojos. No intentaré dormirte ya que es innecesario. Sólo te pido cerrar los ojos para que no te distraigas con nada más. Ahora convéncete a ti mismo de que cada palabra que yo te diga se fijará en tu mente, como impresa, gravada e incrustada, y que, sin recurrir a tu conocimiento o voluntad, sino inconscientemente, tú y todo tu organismo obedecerán. Primero, declaro que tres veces al día, en la mañana, al mediodía y en la noche, sentirás hambre, y comerás y disfrutarás tu comida, sin caer en la gula. Serás cuidadoso de masticar bien antes de tragar. En estas condiciones, digerirás tu comida sin presentar inconvenientes en tu estómago o intestino. Asimilarás lo que has comido y tu organismo lo utilizará para crear sangre, músculo, energía; en una palabra: vida…

»Dado que has asimilado tu comida directamente, también evacuarás sin problema alguno. Y cada mañana, al levantarte, sentirás la necesidad de ir al baño, sin necesidad de tomar ninguna medicina o suplemento para ello. Obtendrás un resultado satisfactorio. Además, todas las noches dormirás profunda, calmada y continuamente hasta la mañana siguiente, sin pesadillas. Y al despertar te sentirás perfectamente bien, animado y activo.

»Del mismo modo, si ocasionalmente has sufrido de depresión, si has estado triste y eres propenso a mirar sólo el lado oscuro de las cosas, de ahora en adelante no lo harás más. Y en lugar de estar deprimido y mirar el lado malo de todo, te sentirás animado, feliz, sin ninguna razón en particular para ello. Y declaro que, aunque tengas una razón real para estar deprimido o preocupado, aun así, no lo estarás».

»Si a veces padeces de impaciencia o mal humor, cesarás de sufrirlo, al contrario, te mantendrás siempre calmado y dueño de ti mismo, y las cosas que te molestaban o preocupaban, de ahora en adelante no lograrán alterarte en lo absoluto.

»Si has sido atacado por ideas dañinas o nocivas, por aprehensiones, miedos, aversiones o tentaciones, todo eso desaparecerá de tu vida gradualmente por la acción de tu imaginación. Como los sueños desaparecen cuando despertamos, pronto estas ideas desaparecerán totalmente.

»A esto, añado que tus órganos funcionarán correctamente. Tu corazón latirá a su ritmo normal, y tu circulación de sangre será uniforme. Tus pulmones, tu vejiga, tus riñones, tu hígado, tus intestinos; todos ellos funcionarán perfectamente. Si alguno de estos órganos presenta una lesión en el presente, de hoy en adelante se mejorarán gradualmente hasta estar totalmente curados.» (A este respecto, debo decir que no es necesario saber qué órgano en específico está lesionado a efectos de ser curado. Bajo la influencia de la autosugestión: «Todos los días, en todos los aspectos, voy de mejor a mejor», el inconsciente actúa sobre todos los órganos en general.

»A esto agregaré, que si al día de hoy has carecido de confianza en ti mismo, declaro que esa desconfianza desaparecerá poco a poco y dará lugar a la autoconfianza, basado en el gran poder del inconsciente que bulle dentro de todos nosotros.» Es absolutamente necesario para cada ser humano tener esta autoconfianza. Sin ella, uno no puede lograr nada. Con ella, uno puede lograr cualquier cosa (dentro de lo posible, por supuesto). «Tendrás confianza en ti mismo, y esta confianza te dará la certeza de que puedes lograr lo que sea que te propongas…

»Cuando desees algo cuya realización sea posible, o cuando tengas una labor que ejecutar, siempre piensa que es fácil, y elimina de tu vocabulario los "no puedo", los "es más fuerte que yo", y los "es imposible". Eso no es español. Lo que es español es: "Es fácil y claro que puedo». El hecho de que creas que lo que tienes que hacer es fácil, lo convierte en fácil para ti, aunque para otros parezca difícil. Lo harás rápido y bien, sin fatigarte, porque lo haces sin esfuerzo. En cambio, si lo hubieras considerado como difícil o imposible, lo hubieras convertido en difícil o imposible, simplemente porque así lo crees». A estas sugestiones que pueden parecer repetitivas o infantiles para usted —aunque son del todo necesarias—, deben agregárseles aquellas que encajan con el caso en particular con el que se está tratando.

Estas sugestiones deben hacerse con voz monótona y seca (siempre enfatizando las palabras esenciales). Cuando termine de realizar esta serie de sugestiones al sujeto, dígale: «En conclusión, desde todo punto de vista, físico y mental, disfrutarás de excelente salud, mejor salud de la que jamás has experimentado hasta ahora. Ahora voy a contar hasta tres, y cuando diga "tres", abrirás tus ojos y saldrás del estado pasivo en el que estás ahora. Saldrás de él con naturalidad, sin sentirte mareado ni cansado, por el contrario, te sentirás, fuerte, vigoroso, alerta, activo, lleno de vida. Te sentirás alegre. Uno… dos… tres». Entonces el sujeto abrirá sus ojos con una sonrisa y una expresión de bienestar en su rostro. A veces —aunque no siempre— el paciente es curado allí mismo, en la misma sesión, de inmediato. Otras veces —el común de los casos—, el sujeto se encuentra mucho mejor a sí mismo, aliviado de su dolor o depresión, aunque sólo por un lapso de tiempo.

En cada caso es necesario renovar las sugestiones más o menos frecuentemente dependiendo del sujeto, siendo cuidadosos de separarlas cada vez más y más en el tiempo, a intervalos cada vez mayores, hasta llegar al punto en que ya no sean necesarias. Llegado este punto, la cura está completa.

Antes de dar de alta a su paciente, dígale que carga consigo el instrumento con el cual puede curarse a sí mismo, y que usted es simplemente un profesor enseñándole cómo usar ese instrumento. Dicho esto, agregue que cada mañana al despertarse, y cada noche al momento de irse a la cama, él deberá cerrar los ojos y transportarse ante su presencia, y en seguida repetir veinte veces consecutivamente, con voz monótona, la siguiente frase:

«Todos los días, en todos los aspectos, voy de mejor a mejor».

En su mente, el sujeto deberá hacer énfasis en las palabras «en todos los aspectos», las cuales aplican para todas las necesidades, mentales o físicas. Esta sugestión general es mucho más eficaz que las específicas.

Dicho esto, debería quedar claro el rol del dador de sugestiones. Él no es un maestro que da órdenes, sino un amigo, un guía, que conduce al paciente paso a paso por el camino del bienestar. Como todas las sugestiones son dadas en beneficio del paciente, su inconsciente no rebatirá nada y decidirá transformarlas en autosugestiones. Cuando esto sucede, la cura se obtiene más o menos rápido de acuerdo a las circunstancias.

LA SUPERIORIDAD DE ESTE MÉTODO

Este método consigue resultados maravillosos, y es fácil entender por qué. De hecho, siguiendo mi consejo, es imposible fallar, excepto, de nuevo, por las dos clases de personas mencionadas anteriormente, quienes, afortunadamente, representan sólo el tres por ciento de los pacientes. No obstante, si usted intenta inducir a su paciente al sueño de inmediato, sin haber realizado los procedimientos y experimentos preliminares a efectos de convencerlo del poder de la sugestión y lograr que convierta éstas en autosugestiones, usted no podrá tener éxito sino únicamente con pacientes ultrasensibles.

Cualquier puede convertirse en «sugestionador» mediante entrenamiento, siempre y cuando ejecuten de forma correcta los ejercicios preliminares, los que se pueden realizar en pocos minutos. Anteriormente, creyendo que sólo se podían hacer sugestiones cuando el sujeto estaba dormido, yo solía dormir a mis pacientes. Pero al descubrir que eso no era indispensable, cesé de hacerlo para evitarles la intranquilidad que les producía el mero hecho de escuchar que serían dormidos, lo cual, en la mayoría de los casos, a pesar de su voluntad, los hacía oponer un poco de resistencia, mostrándose rígidos e indispuestos a colaborar al principio. Si, al contrario, usted le dice a su sujeto que no le inducirá el sueño porque no hay necesidad de hacerlo, usted ganará su confianza. Él lo escuchará sin miedo ni inquietud alguna, y lo más probable que suceda es que, sin darse cuenta, producto de estar concentrado en su suave y monótona voz, se quede dormido de la manera más natural posible.

Si entre ustedes hay aún escépticos —y estoy seguro de que los hay— todo lo que tengo que decirles es: «Vengan a mi casa y vean lo que he hecho», y serán convencidos fácticamente.

Asimismo, tampoco deben hacerse la idea de que la sugestión sólo puede producirse en la manera en que he descrito. Es posible hacer sugestiones a la gente sin su conocimiento y sin ninguna preparación. Por ejemplo, si un doctor que, sólo por su título, tiene una influencia sugestiva sobre un paciente suyo, le dijera a éste que no puede hacer nada por él, y que su enfermedad es incurable, provocará en la mente del paciente consecuencias desastrosas. Si, por el contrario, le dice que su enfermedad es seria, pero que, con tratamiento, tiempo y paciencia, puede ser curado, puede obtener resultados asombrosamente positivos.

Aquí va otro ejemplo: si un doctor que examina a su paciente le da un récipe sin hacerle ningún comentario al respecto, los remedios prescritos no tendrán mucho efecto. Por el contrario, si le dice al paciente que tal y cual medicina debe ser ingerida bajo tales o cuales condiciones a efectos de producir un resultado específico, esos resultados son casi seguros de obtenerse.

Si algún colega médico o químico está leyendo esto, espero que no piense que soy su enemigo. Soy, al contrario, su mejor amigo. Me gustaría que los médicos estudiaran la práctica y la teoría de la sugestión, por su beneficio propio y el de los pacientes. Curiosamente, cada vez que un paciente va a ver a su doctor, éste debe ordenarle medicinas, aunque no sean necesarias. De hecho, cuando un paciente visita a su médico, es para saber qué medicina podrá curarlo. El paciente casi no presta atención a la alimentación, la higiene ni régimen alguno, todo lo que quiere es medicinas.

En mi opinión, si un doctor sólo prescribe un régimen sin medicinas, su paciente se sentirá insatisfecho, dirá que se tomó la molestia de consultarlo para nada, y probablemente irá a ver a otro doctor. El doctor debe prescribir su propia medicina, en lugar de las medicinas populares más publicitadas. Las prescripciones del doctor inspirarán más confianza al paciente que cualquier píldora que él pueda procurarse por sí mismo en cualquier farmacia.

CÓMO FUNCIONA LA SUGESTIÓN

A efectos de entender correctamente el rol jugado por la sugestión o, mejor dicho, por la autosugestión, es suficiente con saber que nuestro inconsciente es el gran director de todas nuestras funciones. Si crees que un órgano que no está funcionando bien comenzará a hacerlo, la orden se enviará automáticamente. El órgano obedecerá con docilidad, y ya sea de una vez o poco a poco, realizará su función de modo normal. Esto explica de manera clara y simple cómo, mediante la sugestión, uno puede detener hemorragias, curar el estreñimiento, hacer desaparecer tumores fibrosos, curar parálisis, lesiones en los tubérculos, várices, úlceras, etc.

Tomemos por ejemplo un caso de hemorragia dental que tuve la oportunidad de observar en el consultorio de M. Gauthe, un odontólogo de Troyes. Una señorita a la que yo había ayudado a curarse a sí misma de un asma que había sufrido por ocho años, me dijo que quería sacarse un diente. Dado que yo conocía que ella era muy sensible, le pedí que no sintiera nada en la operación. Ella aceptó la sugestión naturalmente e hicimos una cita con el odontólogo. En el día acordado, llegamos al consultorio del odontólogo y, parándome en frente de mi paciente, la miré fijamente a los ojos y le dije: «No sientes nada, no sientes nada, etc., etc.» Luego, mientras continuaba la sugestión, le hice una seña al odontólogo. En un instante, había sacado el diente. La señorita D… no sintió nada. Como suele suceder, se produjo una hemorragia, pero le dije al doctor Gauthe que intentaría detenerla con autosugestión sin necesidad de hemostáticos, aunque lo dije sin saber a ciencia cierta qué pasaría. Entonces le pedí a la señorita D… que me mirara fijamente, y le sugerí que en dos minutos la hemorragia cesaría por completo. Esperamos. La paciente escupió sangre una o dos veces más, y luego la hemorragia se detuvo. Le pedí a la señorita D… que abriera la boca y el doctor y yo vimos que un coágulo de sangre se había formado en la cavidad dental.

¿Cómo puede ser explicado este fenómeno? De la forma más simple. Bajo la influencia de: «La hemorragia se detendrá», el inconsciente ha enviado a las venas y arterias la orden de detener el flujo de sangre y, de forma obediente, éstas se han contraído naturalmente, como se hubieran contraído artificialmente al contacto de un hemostático como la adrenalina, por ejemplo.

El mismo fenómeno explica cómo un tumor fibroso puede desaparecer mediante la sugestión. Habiendo el inconsciente aceptado la idea de: «va a desaparecer», el cerebro les ordena a las arterias que lo nutren, contraerse. Éstas se contraen, rehusándose a seguir nutriendo al tumor, el cual, desprovisto de nutrición, se muere, se seca, es reabsorbido y desaparece.

EL USO DE LA AUTOSUGESTIÓN EN PADECIMIENTOS MENTALES Y MALES CONGÉNITOS O ADQUIRIDOS

La neurastenia, muy común en estos días, generalmente sucumbe ante la sugestión constante, practicada en los términos que he descrito anteriormente. He tenido la dicha de contribuir a la cura de un gran número de neurasténicos en los que todos sus tratamientos anteriores habían fallado. Uno de ellos había pasado un mes en un establecimiento especial en Luxemburgo, sin lograr mejora alguna. En seis semanas se curó completamente, y ahora es el hombre más feliz con el que uno podría toparse, luego de haberse creído el más miserable de todos. Este hombre no es propenso a recaer enfermo, porque le he enseñado cómo realizar la autosugestión consciente y él lo aprendió maravillosamente bien.

Pero si la sugestión es eficaz para tratar padecimientos morales y enfermedades físicas, ¿no podría estar prestar más grandes servicios a la sociedad, convirtiendo en personas honestas a los niños desgraciados que llenan nuestros reformatorios y que sólo los dejan para entrar en el crimen? Que nadie me diga que es imposible. El remedio existe y puedo probarlo.

Mencionaré los dos casos siguientes, los cuales son bastante peculiares, aunque necesito que preste atención a lo siguiente. A efectos de que entienda la manera en que la sugestión actúa sobre los padecimientos morales, usaré la siguiente comparación. Imagine que nuestro cerebro es una tabla en la cual hay clavos incrustados que representan nuestras ideas, hábitos e instintos, y que determinan nuestras acciones. Si encontramos que en un sujeto existe una mala idea, un mal hábito, o un mal instinto, como si fuera un clavo malo, tomamos otro, que es la buena idea, el buen hábito o instinto, y lo colocamos encima del malo, golpeándolo luego con el martillo, o, en otras palabras, hacemos una sugestión. El clavo nuevo será incrustado un poco y el viejo será desplazado un poco en la misma medida. A cada golpe fresco del martillo —con cada nueva sugestión—, uno se incrustará más, y el otro seguirá siendo desplazado en la misma exacta medida. Hasta que, luego de un número de golpes, el clavo viejo saldrá completamente y será reemplazado por el nuevo. Cuando esta sustitución ha ocurrido, el individuo obedece.

Ahora mencionaré el caso del pequeño M…, un niño de once años de Troyes que mojaba la cama. También era cleptómano y mitómano. A petición de su madre, lo traté con sugestión. Después del primer tratamiento, los accidentes comenzaron a desaparecer en el día, pero continuaron en la noche. Progresivamente, sin embargo, fueron reduciéndose hasta que, un par de meses después, el niño estaba completamente curado, tanto de la incontinencia, como de la cleptomanía y la mitomanía.

El hermano de M…, de dieciocho años, había concebido un inusual odio contra otro de sus hermanos, y cada vez que tomaba mucho vino, se sentía impelido a apuñalarlo con un cuchillo. Tenía miedo de que más pronto que tarde terminaría cometiendo la acción, sabiendo que se hallaría inconsolable después de hacerlo. También lo traté con sugestión, y el resultado fue maravilloso. Después del primer tratamiento estaba curado. Su odio por su hermano desapareció, y desde entonces se han hecho buenos amigos. Hice seguimiento al caso por un largo período de tiempo, y la cura fue permanente.

Ya que tales resultados son conseguidos mediante la sugestión, ¿no sería beneficioso —o más bien indispensable— introducir este método en los reformatorios? Estoy absolutamente convencido de que, si la sugestión se les aplicara diariamente a niños viciosos, más del cincuenta por cientos de ellos se curarían. ¿No sería este un buen servicio a la sociedad?

Quizá alguien podría esgrimir el argumento de que la sugestión es peligrosa, y que puede ser usada para propósitos perversos. Esta objeción es inválida, primero porque la práctica de la sugestión el paciente sólo se la confiaría a alguien confiable y honesto (los doctores del reformatorio, por ejemplo); además, quienes pretendan usarla para el mal no pedirán el permiso de nadie.

Pero aun admitiendo que representa algún peligro (lo que yo niego), quien esgrime la objeción debería decirme qué cosa no tiene un potencial uso perverso. ¿No lo tienen, acaso, la pólvora, el vapor, la electricidad, los automóviles, los barcos, las armas? ¿Acaso no son peligrosos los venenos que nosotros, los doctores y químicos, suministramos a diario en pequeñas dosis, y que fácilmente podrían destruir al paciente si, en un momento de ofuscación mental, nos equivocáramos en la porción?

UN PAR DE CURAS TÍPICAS

Este pequeño trabajo estaría incompleto si no incluyera en él un par de casos de curas que he obtenido a lo largo de todos los años que he estado practicando la autosugestión. Sería largo y tedioso mencionar todos los casos en los que he participado, de modo que me limitaré a nombrar algunos de los más relevantes:

La señorita L..., de Troyes, había sufrido, por ocho años, de un asma que la obligaba a sentarse en la cama toda la noche, luchando por respirar. Los experimentos preliminares mostraron que era un sujeto bastante sensible. Se dormía inmediatamente y asimilaba con rapidez las sugestiones. Desde el primer tratamiento hubo un mejoramiento notable. La paciente comenzó a dormir tranquilamente, interrumpida por sólo un ataque de asma que duraba unos quince minutos. En muy poco tiempo, el asma desapareció completamente.

El señor M..., un lencero oriundo de Sainte-Savine, cerca de Troyes, quien había estado paralítico por dos años, como resultado de una serie de lesiones en la juntura de la espina vertebral y la pelvis. La parálisis afectaba sólo sus miembros inferiores, en los que la circulación de la sangre había prácticamente cesado, hinchándolos, congestionándolos y empalideciéndolos. El señor M... había intentado varios tratamientos, sin éxito alguno. Los experimentos premilitares fueron exitosos. Apliqué las sugestiones —convertida por el paciente en autosugestión— durante ocho días, al final de los cuales, el paciente reportó un casi imperceptible y sin embargo apreciable movimiento en su pierna izquierda. Retomé las sugestiones. En ocho días más ya no cabía ninguna duda del movimiento de su pierna. Cada semana se reportó un progresivo mejoramiento y una disminución en la hinchazón. Once meses después, el primero de noviembre de 1906, el paciente era capaz de bajar escaleras solo y caminar 800 yardas. Y en julio de 1907 regresa a la lencería, donde ha continuado trabajando desde entonces, sin señas de la parálisis.

El señor A…, de Troyes, había sufrido de enteritis por largo tiempo, habiendo sido tratado con diferentes tratamientos, todo en vano. Mentalmente también estaba en un severo estado: deprimido, melancólico e insociable, obsesionado con pensamientos suicidas. Los experimentos preliminares se llevaron a cabo sin problema. Continuamos con sugestión, la cual comenzó a producir resultados desde el mismo primer día. Por tres meses se le practicó el tratamiento con sugestión a diario; luego, a intervalos cada vez mayores. En seis meses, la cura estaba completa. La enteritis había desaparecido y su moral era sublime. En vista de que la cura data de doce años atrás y en este transcurso de tiempo no se ha producido recaída alguna, yo la considero permanente.

CONCLUSIÓN

¿Qué conclusión se puede sacar de todo esto? Es muy simple y puede ser expresado en pocas palabras: poseemos dentro de nosotros una fuerza de incalculable poder que, cuando manejamos inconscientemente, suele ser perjudicial para nosotros mismos. Si, al contrario, la dirigimos de una forma sabia y consciente, nos dará el dominio y control de nosotros mismos, y nos permitirá no sólo curarnos y curar a otros de enfermedades físicas y mentales, sino también vivir en relativa felicidad, cualesquiera que sean las condiciones en que nos hallemos. Por último, y especialmente, la sugestión debería aplicarse para la regeneración moral de aquellos que se han desviado del camino del bien.

ACERCA DEL AUTOR

Emile Coué nace en Troyes, Francia, el 26 de febrero de 1857. Emile se gradúa de psicoterapeuta y comienza a estudiar de cerca la hipnosis de la mano de Ambroise-Auguste Liébault. Coué pronto adquiere fama local mediante sus procedimientos curativos creativos e inusuales, pero no alcanzaría fama mundial sino hasta el año 1920, en el cual publica su famoso trabajo «Autocontrol a través de la autosugestión consciente», un trabajo revolucionario en el campo de la medicina que enseñaría al público el poder de autocuración que poseen ellos mismos, y además pondría en contexto, desde un punto de vista médico-científico, el gran poder mental que cada uno de nosotros tiene y que frecuentemente elige utilizar de forma incorrecta.

Actualmente en sitios web como YouTube el «Método Coué» es muy popular, siendo puesto en práctica por cientos de miles de personas de todo el mundo; ya que, como se vio en el trabajo, dicho método es bastante simple, pues consta de afirmaciones repetitivas y monótonas, el uso de la imaginación y la voluntad a efectos de crear nuestra propia realidad a partir de nuestros pensamientos, percepciones, y visualizaciones de la misma. Después de todo, ¿quién sino nosotros mismos decide qué somos y qué no somos capaces de hacer?

Emile Coué muere en Nancy, Francia, en el año 1926.

www.ingramcontent.com/pod-product-compliance
Lightning Source LLC
Chambersburg PA
CBHW031435250726